1852

LES
TROIS CANDIDATS
A LA PRÉSIDENCE

PAR

M. FRANCIS NETTEMENT

PARIS

ALLOUARD ET KAEPPELIN
Libraires—Éditeurs—Commissionnaires
SUCCESSEURS DE P. DUFART ET DE Gᵉˡ WARÉE
12, RUE DE SEINE

1854

2196.

1852

—

LES TROIS CANDIDATS

A LA PRÉSIDENCE

PARIS. — IMPRIMERIE DE J.-B. GROS,
rue des Noyers, 74.

1852

LES TROIS CANDIDATS

A LA PRÉSIDENCE

PAR

M. FRANCIS NETTEMENT

———— ✧❈✧ ————

PARIS

ALLOUARD ET KAEPPELIN

Libraires–Éditeurs–Commissionnaires

SUCCESSEURS DE P. DUFART ET DE Gᵃˡ WARÉE

12, RUE DE SEINE

1851

1852

LES TROIS CANDIDATS A LA PRÉSIDENCE

I.

Ce qu'il nous faut, ce n'est pas un nom seulement, c'est un homme.

Ce qu'il nous faut, c'est un candidat constitutionnel.

Ce qu'il nous faut, c'est un général.

Ce que nous devons écarter, c'est une candidature princière, quelle qu'elle soit.

Elle compliquerait notre situation déjà si compliquée.

Le mot de cette situation est République ou Monarchie, non pas confusion de l'une et de l'autre; le mot de cette situation est solution, non pas expédient.

Ce candidat constitutionnel, ce général, cette illustration de notre armée, où devons-nous le chercher?

Évidemment parmi nos généraux d'Afrique, parmi nos seules illustrations militaires.

Il nous faut un général; l'état et les périls de la société l'exigent; c'est le fond même de la question qui est sociale.

Il faut que ce général reçoive en sa garde la légalité, le gouvernement représentatif; c'est la forme sans doute, mais la forme nécessaire de tout gouvernement en France. La légalité, qui est aujourd'hui le rempart de la société, ne fait-elle pas aussi, pour nous, partie intégrante du système représentatif?

Le régime représentatif, c'est la question du gouvernement de la France depuis soixante ans.

Le vif désir de voir ce régime affermi et développé, par les moyens qui peuvent le mieux consolider la société elle-même, se lie étroitement dans notre pensée à celui d'assurer la force et la dignité du pouvoir exécutif, en le confiant au général le plus capable d'en recevoir et d'en faire respecter le dépôt. Car ce général doit être, en même temps, le premier défenseur de l'ordre, le bouclier et l'épée de la loi.

Il faut qu'il y ait entre l'Assemblée et lui l'union la plus parfaite.

Il faut, en un mot, que la situation soit absolument le contraire de celle que nous voyons aujourd'hui.

Qui ne sent, dans tous les partis, à part un seul peut-être, combien ce que nous proposons serait préférable à l'état de division et de lutte qui existe maintenant entre l'Assemblée et le pouvoir exécutif.

Aussi n'est-ce point une cause personnelle que nous soutenons, lorsque nous venons dire qu'il nous faut un homme, mais la cause générale de l'ordre, du pouvoir et de la société.

Eh! mon Dieu, l'élection du 10 décembre a bien prouvé que c'était là le sentiment même de la France. Qu'a-t-on cherché sous un grand nom? N'était-ce pas un homme? Qu'a-t-on demandé à un souvenir, à une illusion et à un mirage? N'est-ce pas une réalité?

Aujourd'hui, républicains, hommes monarchiques, hommes d'expédient, nous avons tous les yeux fixés sur une même date, celle de 185.

1852, c'est l'inconnu. Nous pensons, nous, qu'il faut aller droit à ce nuage et le chasser devant nous, plutôt que d'attendre qu'il crève sur nos têtes.

Ce qui nous frappe tous d'une commune anxiété, ce qui s'empare de toutes les conversations, ce qui revient dans toutes les discussions comme un texte inévitable et nécessaire, ce qui est l'énigme du présent et de l'avenir, c'est le choix de l'homme qui sera le dépositaire du pouvoir exécutif.

Cette préoccupation vive et extrême fait presque oublier l'Assemblée qu'on aura à élire, ce qui est une faute. Car si nous avons besoin d'un chef du pouvoir exécutif, l'Assemblée ne nous est pas moins nécessaire, et, plus que jamais, la société doit intervenir dans ses destinées et dans son gouvernement ; plus que jamais, il importe qu'elle exerce une influence directe sur son avenir.

Avons-nous à désigner par son nom le candidat constitutionnel à la présidence de 1852? Nous ne le pensons pas ; nous ne croyons pas qu'il nous appartienne de proclamer un nom, mais il nous est permis assurément d'indiquer dans quelle sphère ce choix si grave est circonscrit par la situation que les événements nous ont faite.

Que si le choix à faire résulte de la situation, c'est la situation même qui le dictera.

II.

Mais la brigue bonapartiste s'agite et nous agite, mais elle pose dans les voyages de M. le Président de la République, dans le pétitionnement propagé par l'administration, comme dans les journaux de l'Elysée, la candidature illégale de M. Louis Bonaparte ; à cela nous avons à répondre, nous qui sommes convaincus que la révision étant rejetée une seconde fois, tous les hommes d'ordre doivent se prononcer pour un candidat constitutionnel.

En présence de la candidature illégale de M. Louis Bonaparte, nous répondrons : Nous la repoussons d'abord parce qu'elle est illégale, et que la légalité est aujourd'hui le premier rempart de la société.

Nous ajouterons : M. Louis Bonaparte n'est ni homme de guerre, ni homme d'état. Il n'a qu'un nom, et ce nom est usé maintenant. Les révolutions vont vite ! Voilà le second motif pour lequel nous repoussons sa candidature.

Nous ne nous occupons pas de l'homme en lui-même, nous ne cherchons pas une occasion de l'attaquer, mais nous le rencontrons comme candidat, lorsque sa candidature est interdite par la loi, lorsqu'elle est un danger pour la France, lorsqu'elle nous menace de l'intronisation d'un gouvernement de hasard, d'une nouvelle et plus terrible révolution : encore une fois, nous repoussons une telle candidature.

III.

Pourquoi pensons-nous que la candidature constitutionnelle, celle qui doit protéger la légalité, et, par la
légalité, la société, que la véritable candidature à la
présidence est renfermée dans le glorieux personnel de
nos généraux d'Afrique, et qu'elle n'est pas autre part?
Nous allons le dire.

Sous le dernier gouvernement, en présence des périls de la société, du communisme, ce premier nom
du socialisme, qui se montrait déjà dans la presse, dans
les sociétés secrètes, dans les organisations ouvrières,
et qui nous annonçait des catastrophes, nous avions
déjà pensé bien souvent à cette terre d'Afrique, à cette
armée d'Alger d'où il nous semblait que, dans des
circonstances extrêmes, pouvait sortir le salut de la
France.

Nous suivions le travail des idées révolutionnaires et

antisociales dont les explosions soudaines venaient sur-
prendre un pays trop disposé à se matérialiser, en haut
comme en bas ; nous jugions la situation à la lueur
sombre et sanglante d'événements comme ceux de
Buzançais. Nous savions quels progrès les doctrines
communistes avaient faits dans la population de Paris,
et la scission complète qui existait entre les classes
ouvrières de cette ville et le gouvernement. Il y avait
longtemps, pour notre part, qu'à des signes divers, qui
nous semblaient certains, nous pressentions une révolution nouvelle, ou plutôt une nouvelle crise révolutionnaire dans la révolution qui dure depuis soixante ans.

Nous l'avouerons : il nous est même arrivé quelquefois, devant l'orage que nous voyions s'avancer, de
craindre alors pour la discipline militaire déjà violée en
Juillet, déjà vaincue par l'émeute et par l'insurrection.
Nous nous disions : Si l'armée était entamée par les
idées révolutionnaires, si cette armée, rétablie du terrible ébranlement de Juillet 1830, venait à manquer un
jour au gouvernement, et qu'il rencontrât le principe
révolutionnaire sous l'uniforme, après lui avoir mal-
heureusement élevé une colonne sur la place de la
Bastille, qu'arriverait-il? Peut-être, nous disions-nous,
la domination de quelque sergent nous est-elle réservée,
et verra-t-on nos soldats battre aux champs devant les

galons de sous-officier ! Quelque chose enfin comme la magistrature militaire d'un sergent Boichot, comme la confusion de l'anarchie de la rue et du pouvoir du sabre, comme l'image de la caserne dans le club ou du club dans la caserne, nous venait à la pensée : désordre suprême de nos longues révolutions, auquel nous n'avions pas encore assisté, scène qui nous apparaissait à la fin d'un drame terrible, pour mettre le comble à l'effroi des spectateurs, dernier symptôme d'une décadence irrémédiable, dernière agonie d'une société dont on peut compter les moments !

Car la ruine de la discipline, dans ce pays militaire, est, pour ainsi dire, comparable à la ruine de l'esprit religieux dans cet antique pays catholique. Ce serait la désolation même de la France, et nous ne croyons pas qu'elle y survécût.

Eh bien ! quand sous le dernier régime, il nous arrivait de craindre l'anarchie dans l'armée, et une révolution de sergents, nous pensions qu'en Afrique nous avions des généraux !

C'était notre consolation et notre espoir.

Cette glorieuse salle d'armes de l'Algérie, où, malgré la situation difficile que la révolution de 1830 avait faite à notre politique extérieure, l'on remportait des victoires, où l'on devenait maréchal de France et général sur

le champ de bataille, c'était pour nous ce que fut l'E-
gypte, quand le premier et le dernier de sa race vint
demander compte au Directoire de ce qu'il avait fait de
la France. Nous sentions que cette guerre d'Afrique,
qui tenait nos troupes en haleine, qui leur donnait à
admirer la gloire de leurs chefs, mêlée à leur propre
gloire, qui perpétuait dans l'armée la tradition de l'esprit de dévouement et de sacrifice, élevait le niveau
des idées dans cette armée, et, par cela même, mainte-
nait le respect de la hiérarchie militaire et de la discipline. Nous croyons encore que c'est l'Algérie qui nous
a préservés d'un sergent Boichot, et qui a fait que les
sous-officiers républicains ont été derrière au lieu
d'être devant M. Ledru-Rollin. Nous croyons enfin que
beaucoup d'hommes monarchiques ont accepté et soutenu le général Cavaignac, comme dépositaire du pouvoir exécutif, quoiqu'il fût républicain, surtout parce
qu'il était général d'Afrique et qu'il avait fait partie de
notre glorieuse armée d'Alger.

IV.

Nous sentons qu'on peut avoir ici une question à nous faire, et nous nous hâtons d'y répondre, ce qui n'est point sortir de notre sujet, ce qui n'est que l'exposer et le développer.

Nous sommes dans une situation où nous croyons qu'il faut tout dire, et où l'on ne gagne rien à effleurer les questions.

On peut nous demander pourquoi nous regardions l'état du pays comme si critique avant la révolution de fevrier, tandis que, journellement encore, on appelle cette révolution une surprise, ce qui enlèverait aux causes qui l'ont produite tout caractère de gravité, ce qui devrait nous faire adopter aujourd'hui un expédient analogue, autant que possible, au gouvernement de 1830.

La politique rétrospective n'est bonne que lorsqu'elle peut s'appliquer à la politique présente qui absorbe toutes les pensées ; nous le savons. Or, si nous rappelons le passé aujourd'hui, c'est qu'il est impossible de bien comprendre notre situation dès que l'on juge mal ce passé.

Quand on ne veut pas que l'état du pays fût très-critique avant février, quand on prétend que la révolution de février n'a été qu'une surprise, il est tout simple qu'on ne pense pas comme nous sur la nature du remède que nous regardons aujourd'hui comme le seul efficace.

Ceux-là surtout qui sont tout prêts à nous donner une contrefaçon impossible du gouvernement de 1830, sous un nom impérial, ou à subir cette contrefaçon, sont les mêmes, on peut en être sûr, qui regardent la révolution de février comme une surprise.

Il y a en effet, une race d'hommes, et cela dans tous les partis, superficiels et imprévoyants, parce qu'ils sont égoïstes, qui s'en tiennent facilement aux faits accomplis sans vouloir se douter, même après les révolutions, des causes qui les ont produites. Ce que demandent ces hommes, c'est qu'on leur rende à peu près dans la même forme, ce qu'ils avaient avant l'éboulement ou l'avalanche : leurs places s'ils avaient des places, au moins leur dîner au café de Paris et leur partie de wisth. Il fait beau les entendre s'expliquer sur la question de la présidence : « Pour qui voterez vous ? Moi, je voterai pour le président de la république, non pas que je lui porte aucun intérêt ; mais j'aime mieux voter pour lui que pour le sergent Boichot ou M. Nadaud. C'est, d'ailleurs, le président qui est au pouvoir, voilà ma grande raison » : puis l'on parle chevaux et tout est dit.

Eh bien ! non, quoiqu'en disent ces grands esprits, la révolution de février n'a pas été une surprise. A quelque point de vue qu'on l'examine, social ou politique, elle devait arriver. Elle avait sa place marquée et prévue dans la série de nos épreuves.

On n'a pas besoin d'en chercher les causes, elles abondent.

Nous avons parlé du travail souterrain, pratiqué par le communisme dans les classes ouvrières, à Paris surtout. C'était la conséquence de l'état de cette société, qui avait déjà eu à subir une révolution politique, et qui, depuis soixante ans, est la proie du principe révolutionnaire, peste qui reparaît sous toutes les formes, et qui semble destinée à produire l'impossibilité de tout gouvernement, dernière maladie sociale.

Nous demanderons ce qui arriverait à l'Angleterre si son gouvernement cessait d'être une aristocratie : cette forme, qui est sa forme naturelle, lui manquant, tout ne serait-il pas en péril, et la société anglaise ne serait-elle pas menacée d'une fin prochaine ? Or, la loi fondamentale de la monarchie a été violée en 1830, et la France était surtout une monarchie : dès lors, la porte a été ouverte à tous les changements politiques, à tous les bouleversements sociaux ; dès que l'hérédité politique a été effacée par une révolution, le principe même de la propriété a été atteint, car on ne peut toucher à une loi fondamentale sans ébranler toutes les autres.

A n'aborder ici qu'une partie même de la question sociale, sans examiner notre situation au point de vue moral et religieux, quel était l'état de la société en France, avant février, avant juillet ; quel est-il maintenant encore, et comment plus qu'aucune autre société la nôtre a-t-elle besoin d'un principe qui lui serve de base, qui garantisse tous les droits et qui protége tous les intérêts ? M. Guizot l'a dit avec une haute raison : « en Angleterre, il y a une aristocratie ; en France, il y des aristocrates; » c'est-à-dire, là un corps, ici des individus. Or, quel gouvernement et quelle société peut-on asseoir sur des individus ? De même, on a pu dire après la chute du gouvernement bourgeois de 1830 : en France, il y a des bourgeois, il n'y a pas de bourgeoisie.

Tel a été, tel est encore l'état de nos classes supérieures, qui portent le nom de classes, nom impopulaire, sans en avoir ni l'organisation, ni la force, ni la puissance.

D'où vient le socialisme qui renferme la menace d'une désorganisation nouvelle et d'un remaniement révolutionnaire de la société ? Il faut le dire franchement : le socialisme vient surtout de ce que la société française est la plus individualisée des sociétés, celle où la division la plus profonde a existé jusqu'aujourd'hui entre les classes supérieures du même pays, classes déjà amoindries en elles-mêmes par leur éparpillement, l'absence d'esprit de corps et le manque de cohésion.

Cet état de choses frappait les regards avant la révolution de février. Il était impossible de ne pas sentir qu'aucune des classes supérieures, par des raisons bien faciles à comprendre, ne prendrait l'initiative, soit de venir au secours du gouvernement de 1830, soit de le remplacer par un autre gouvernement.

Tandis que les classes supérieures étaient divisées, éparpillées, sans organisation, que se passait-il dans le peuple, parmi les ouvriers de Paris, dans le sein même de cette centralisation, qui est toujours en France la dernière base des gouvernements qui tombent ? Là, il y avait une double organisation.

Nous disons une double organisation.

Et, en effet, les habitudes populaires suffisent seules pour créer ce que nous appelons ici une organisation. Dans les ateliers où ils travaillent, dans les cabarets où ils prennent ensemble leurs repas, les rapports sont constants entre les ouvriers, comme si chaque corps d'état n'avait pas déjà une organisation propre, comme s'il n'y avait pas entre tous les ouvriers une affiliation générale qu'on appelle *le compagnonage*, organisation très-complète et très-pratique.

Certes, nous sommes partisans de l'esprit d'association, et nous trouvons juste et légitime que les classes ouvrières soient organisées ; mais nous examinons l'état d'une société où elles seules le sont et peuvent l'être, si l'on en croit les révolutionnaires.

Comparez donc ces nobles et ces bourgeois qui ne se voient pas, qui, dans les lieux publics, spectacles, cafés, restaurants, ne se parlent point, à ces ouvriers qui, la truelle du maçon ou le seau du porteur d'eau à la main, se rencontrent et se réunissent sans cesse, qui ne fréquentent point un cabaret sans s'y connaître tous bientôt, qui, d'ailleurs, sont presque tous *compagnons*, c'est-à-dire pairs entre eux, et qui forment, par cette organisation, une véritable aristocratie des classes inférieures, une classe compacte et solidaire dans les ateliers, dans les fabriques ; aristocratie d'en bas, aristocratie souterraine, lorsqu'en haut il n'y a qu'individualisme, division et isolement.

Comment, dans une telle situation sociale, sous l'empire du principe révolutionnaire proclamé en Juillet, n'aurait-on pas prévu une révolution nouvelle dans un temps donné, dès qu'il arriverait au gouvernement de laisser échapper de ses mains la grande roue de la centralisation qui faisait tourner pour lui le pouvoir ? Ce n'était qu'une question de date.

Nous ne dirons pas que le peuple tout entier fût révolutionnaire et disposé à commencer la lutte avec le dernier gouvernement ; mais on peut affirmer qu'il n'y a plus d'équilibre dans une société, où les classes supérieures ne s'entendent pas et sont réduites à l'état d'individualisme (1), en présence de classes inférieures relativement organisées : il est impossible qu'un jour ou l'autre les pieds n'emportent pas la tête. C'est ce qui nous arrive depuis soixante ans. Ce qui nous étonne, c'est qu'on s'en étonne toujours et qu'on appelle cela une surprise. Le socialisme est la dernière expression de cet état de choses. La révolution de février n'en a été qu'un accident naturel.

(1) « Nous ne sommes pas une nation, dit M. Blanc St-Bonnet, dans son remarquable ouvrage, nous sommes une foule. »

V.

Il faut jouer maintenant cartes sur table et ne rien cacher, voilà pourquoi nous parlons ainsi. Nous nous adressons avec franchise au bon sens et au patriotisme de tous les partis qui méritent ce nom. Sous l'empire du suffrage universel, c'est la seule politique possible !

Si l'on ne se rend pas un compte exact et rigoureux de l'état de la société, dont le gouvernement est en question, toute politique est nulle. Or, ce qui ne prouve que trop à quel point nous sommes malades, c'est qu'un grand nombre, quand on traite ces questions devant eux, c'est-à-dire quand on leur tâte le pouls pour leur dire où en est leur fièvre, se fatiguent bientôt de ce qu'ils regardent presque comme une indiscrétion.

C'est que l'examen de notre société révèle tout d'abord ce fait, qu'il y a beaucoup de devoirs à remplir et que bien peu s'en acquittent. Cet examen devient aussitôt, pour un trop grand nombre, une critique et presque une satire.

Si l'on veut s'expliquer cet etat des esprits, il faut remonter bien haut dans notre histoire et y suivre les classes supérieures de France dans leurs rapports avec la royauté et le peuple, jusqu'à l'époque où il leur est arrivé d'être ou de paraître effacées par la centralisation et la bureaucratie, c'est-à-dire par une machine de gouvernement qui a succédé au ministérialisme de Richelieu et de Mazarin, à la royauté de Louis XIV, à la dictature de Napoléon, comme à la hache de Robespierre.

La centralisation a surtout maintenant pour mission de réduire les classes supérieures à l'impuissance, de tenir la porte de l'Hôtel de Ville toujours ouverte aux révolutions, et de livrer les départements à tous les gouvernements révolutionnaires qui peuvent s'installer dans les ministères parisiens.

Dans l'état de la société, le suffrage universel, qui est le plus grand adversaire de la centralisation, est un de nos premiers moyens de salut. Certes, il ne peut se passer d'un retour sincère aux idées religieuses et morales, mais jamais un lien plus puissant ne fut donné à une société pour réagir contre l'absorption de tout un pays par une ville.

Le suffrage universel combat, par sa nature même, les divisions, l'isolement, mine les murailles de séparation qui existent entre les différentes classes, et fait, pour ainsi dire, la levée en masse de toutes ces classes pour secourir, défendre et sauver la société.

Mais l'action du suffrage universel est-elle assez prompte; mais s'est-on hâté de se jeter dans le cadre qu'il offre à une société individualisée; a-t-on su faire sortir du suffrage universel une puissante loi municipale; a-t-on organisé la France des campagnes en présence de la France d'une seule ville? A-t-on senti qu'il n'y avait plus qu'un cadre pour cette société, le grand cadre municipal? La loi n'est pas encore votée après trois ans de session. Avec la loi d'enseignement, c'était la seule importante. Le désir, mais non pas l'intelligence du bien, existe parmi nous.

Voilà pourquoi au suffrage universel lui-même, déjà attaqué, qui ne peut pas produire à lui seul tous ses résultats, à ce suffrage universel, que l'individualisme et la centralisation combattent, que des coteries paralysent autant qu'elles peuvent, et qu'on voudrait faire verser dans l'ornière de quelque gouvernement d'aventure, il faut un homme, il faut une épée, il faut un général, c'est-à-dire l'unité pour faire l'union.

VI.

Ce que nous cherchons tous c'est un lien, provisoire, sans doute, mais un lien réel; et non pas l'apparence d'un lien, qui nous aide à réunir en un même faisceau tant de volontés éparses, à faire quelque chose de semblable à ce qu'on a vu sous la présidence du conseil, de M. le général Cavaignac, quand il était le général de la Constituante, mais dans un but différent et pour répondre à d'autres exigences.

Ce fut une dictature qui, après la tourmente révolutionnaire de février, défendit la société par l'épée d'un brave général et l'union de tous nos généraux d'Afrique. Ce qu'il nous faut aujourd'hui, c'est la dictature de la loi appuyée sur une épée.

Après les orateurs et les théoriciens, il avait fallu en venir à un général dans un jour de péril, et la République elle-même, pour que sa Constitution fût votée et échappât à **MM.** Blanqui et Raspail, se vit bien forcée de s'adresser à un chef militaire.

Il fallait alors triompher de toutes les folies qui avaient fait irruption dans le gouvernement même du pays et qui lui étaient ainsi montées au cerveau ; il fallait nous délivrer de l'anarchie qui était attachée aux flancs du pouvoir, lorsqu'on prétendait faire de l'ordre avec le désordre, vaincre les ateliers nationaux, cette armée des utopies socialistes du Luxembourg ; qu'on nous permette ce mot, il y avait alors une bagarre dont tous les hommes sérieux et amis de leur pays, quel que fût leur parti, voulaient sortir. Il y avait les terribles menaces de la barbarie contre lesquelles il fallait marcher ; il y avait le matérialisme devenu révolutionnaire et communiste qu'il fallait repousser ; il y avait le tonnerre de juin, dont le terrible éclair de Buzançais avait été le précurseur et le présage, qu'il fallait éteindre et écraser sous les pieds de notre armée, sous l'ascendant du suffrage universel et sous la règle de la seule discipline qui nous restât, la discipline militaire !

C'est sur cette bagarre, c'est sur la guerre civile communiste que le canon fut tiré en juin par l'honorable général Cavaignac.

La République sortit de la lutte pêle-mêle avec la

société, grâce à la victoire de nos généraux d'Afrique sur la démagogie et à l'état de siége qui rendit possible la discussion et le vote de la Constitution républicaine.

La république légale, constitutionnelle, a donc été le résultat de la dictature militaire. Le mouvement de réaction a été si prononcé qu'il a écarté le général Cavaignac lui-même, comme trop républicain. Ce qui prouve avec quelle énergie, avec quel dévouement il avait combattu pour sauver la société. Il s'est trouvé qu'après ses grands services, qu'on ne pourrait oublier sans ingratitnde, le général, en rappelant trop devant l'Assemblée et le pays les titres qu'il avait aux votes de la révolution, s'est fait tort à lui-même et a manqué son élection. S'il se fût contenté d'être général d'Afrique, son élection pouvait certainement réussir. Il aurait obtenu assurément la plupart des votes des hommes d'ordre, et si M. Louis Bonaparte avait assez partagé les voix pour provoquer l'intervention de l'Assemblée, le choix d'une Assemblée, qui pouvait aussi facilement éviter toute tentative d'expédient personnel et de roman impérialiste, n'eût pas été douteux, elle aurait nommé le général d'Afrique.

C'est la candidature mal posée, révolutionnairement posée du général Cavaignac, qui a surtout fait réussir celle de M. Louis Bonaparte.

VII.

Ce pays est profondément militaire. Un homme de génie a dit : « La France est un soldat. » Le mot était vrai et le sera toujours. Quoi qu'on ait fait aussi contre l'institution de la noblesse, quoi qu'on ait fait pour rendre l'armée bureaucratique et bourgeoise, l'épée est restée noble : tout soldat français est gentilhomme. Les républiques pas plus que les régimes bourgeois ne peuvent rien faire à cela, c'est dans la nature des choses. Qu'on proclame l'égalité tant qu'on voudra, elle existera devant la loi, mais non pas devant la gloire.

C'est précisément parce que la France est militaire que, dans les révolutions qui attaquent ou qui menacent la société, on recourt à l'épée, qui, dans ce pays de soldats, peut seule remplacer le sceptre des rois, et maintenir toutes les règles au nom de cette grande règle, la discipline.

Les avocats et les beaux esprits excellent quand il s'agit de faire des prouesses de paroles et de triompher au jeu de bague des phrases, où leur langue effilée passe à travers tous les anneaux, mais il leur est plus facile de parader à la tribune que de tenir l'épée de commandement, non loin du trône, sur lequel on vit ces rois batailleurs, Henri IV et Louis XIV.

Nous croyons que M. Michel (de Bourges) et même M. Ledru-Rollin ne feraient là qu'une triste figure.

Or, quand la France n'a pas de roi, il lui faut un général.

VIII.

Il nous faut un homme, faute d'organisation sociale suffisante ; il nous faut un général, parce que ce pays est militaire, monarchique et continental, parce qu'une épée, nous l'avons dit, peut seule remplacer, pour nous, le sceptre des rois.

Il nous faut un général, parce que nous avons a fonder, en France, le régime représentatif qui est notre seule forme de gouvernement possible, et que ce régime, dans l'état actuel de la société, a besoin d'une épée intelligente pour appui. Il nous faut donc un général pour le présent et pour l'avenir.

Y a-t-il, en effet, rien de fondé en France et ne doute-t-on pas de tout ? A quel avenir peut-on croire quand on voit la lutte qui éclate sans cesse entre l'assemblée et M. Louis Bonaparte ? N'est-ce pas le déchirement même du pouvoir ? Jusqu'où ira le pouvoir exécutif dans

ses prétentions ? Jusqu'où ira l'assemblée dans sa résistance ? Elle a montré une modération extrême, mais ne
lui rendra-t-on pas la modération impossible ? Voilà ce
qui agite toute les pensées, et ce n'est point assez que le
principe électif soit la consécration de la mobilité du
pouvoir, il se trouve qu'il en a constitué l'anarchie par
les divisions de l'assemblée et du président. On nous
avait annoncé la république comme l'apogée de ce gouvernement représentatif, pour lequel nous devions tra-
verser, suivant la parole de M. Thiers, *non-seulement
la Manche mais l'Atlantique;* or, de progrès en progrès,
à quoi en sommes-nous arrivés ? d'anciens libéraux, avec
le journal typique, dans lequel ils se personnifiaient, *le
Constitutionnel*, qu'ils avaient nommé, et qui, en retour, leur donnait son nom, les libéraux du *Constitu
tionnel;* en sont venus aujourd'hui à renier assez le régime représentatif pour soutenir M. Louis Bonaparte
contre l'assemblée, et à vouloir que le nom seul du despote le plus oppresseur qui ait jamais foulé aux pieds
les libertés d'un pays, nous tienne lieu d'ordre, de
liberté et de gouvernement ! Est-ce donc là le résultat
de l'opposition de quinze ans contre cette Restauration
à laquelle on reprochait de ne pas vouloir observer
assez scrupuleusement toutes les clauses du régime représentatif, et d'avoir mis dans la Charte un article 14

effacé en Juillet par une nouvelle Charte? Où en est donc cette ancienne bourgeoisie libérale, qui n'a pu tolérer, non plus, que le chef de la branche cadette, qu'elle avait couronné, mît quelque obstacle à l'exercice du droit de réunion? En présence de telles contradictions, dans ce Babel politique où nous jette l'étrange bonapartisme, qui n'est que le matérialisme de la peur et le fétichisme d'un nom, auquel se raccrochent comme à un lambeau de pouvoir les apostats trembleurs du vieux libéralisme, il faut chercher notre voie, la grande voie, celle de la France, non pas un chemin de traverse, et y marcher résolument.

On ne s'étonne pas du succès de l'Empire après les crimes et les guerres de la révolution. Il venait précisément apporter à une société individualisée, déchirée par cette révolution, le lien qui pouvait en rapprocher les derniers restes, un homme, avec cette épée, cet esprit militaire qui répondaient à la vieille nature du pays. Voilà comment, à la suite d'une révolution qu était devenue profondément impopulaire, on a poussé l'esprit de réaction jusqu'à subir le despostime impérial, jusqu'à oublier la question de 89, celle du régime représentatif.

Tout le monde est bien persuadé qu'on ne reverra pas deux fois une telle époque. Le génie de Napoléon a pu s'éblouir lui-même et croire qu'il fondait une dynastie, un empire nouveau; mais, à part quelques césaristes insensés et quelques prétoriens de Boulogne et de Strasbourg, personne ne songe à la résurrection, au moins immédiate, du gouvernement tout personnel qui est couché dans le tombeau des Invalides; personne n'espère installer demain aux Tuileries un Napoléon II, collatéral à l'abri d'une gloire *avunculaire* et d'un génie qui aveuglerait comme le soleil un imitateur impuissant. Non, les Elyséens les plus impatients ne prétendent pas encore nous imposer de haute lutte la dynastie des Bonapartes, mais ils veulent qu'elle se glisse malgré nous, et, s'il se peut, qu'elle se hisse au pouvoir.

Et, en attendant, que font-ils?

Ce pouvoir, qu'ils n'osent hardiment saisir, ils l'usent par le frottement et l'effort d'une lutte continuelle. Ils nous placent devant une double alternative : ou l'arbitraire d'un gouvernement de circonstance, ou une nouvelle crise révolutionnaire.

Or, nous avons besoin, au contraire, d'éviter cette crise, ainsi que les pouvoirs violents et passagers qui doivent nous y précipiter. Il nous faut trouver une transition pacifique, régulière, légale, qui, pour les républicains sincères, puisse fonder la République d'une manière durable, sérieuse, qui, pour les hommes monarchiques, offre le seul moyen de rétablir la monarchie, et qui, pour les hommes d'expédient, ceux qui ne croient qu'au pouvoir du jour, réunisse les meilleures conditions de force et de stabilité. Oui, la révision n'étant pas votée, la monarchie ne pouvant être sur-le-champ rétablie, ce qu'il nous faut maintenant c'est un compromis nouveau, une trève nouvelle dans le pouvoir exécutif lui-même, dans ce pouvoir qui représente pour nous, hommes de la Monarchie, le roi; pour les républicains, une partie de la souveraineté du peuple; pour tous, l'action du gouvernement; il faut que nous nous rapprochions tous ainsi les uns des autres dans ce que l'on nous permettra d'appeler une parenthèse entre le présent et l'avenir.

Il faudrait que chacun sentît bien que cette puissance de transition confiée à un général, notre concitoyen, l'épée du suffrage universel, le grand instrument, l'instrument légal de l'appel au pays, le mandataire de l'honneur, des intérêts, du salut de la France, doit nous mener à une véritable solution, à un gouvernement définitif.

Pourquoi cet appel à un homme, à un général, mais à un général, mais à un homme qui ne peut jouer le rôle fini de Napoléon, à un général parlementaire qui sauvegarde l'ordre au dedans par la discipline de l'armée, par l'union de tous les conservateurs, par l'appui de l'immense majorité de l'Assemblée ; l'honneur et la dignité de la France au dehors ? Eh ! mon Dieu, parce que nous avons déjà vu trois révolutions dans ce pays, et que, pas plus aujourd'hui qu'en 89, qu'en 1830 et en 1848, nous ne voyons les classes supérieures du pays, l'aristocratie relative du pays, dans une position qui leur permette de sauver à elles seules et par leur propre initiative la société en péril, et de nous donner ou de nous rendre un gouvernement !

Comme nous ne pouvons demander ce gouvernement aux classes inférieures toutes seules, dans une telle situation, si elle dure, ce qui n'est que trop probable, il est hors de doute qu'il faut que l'épreuve continue avant d'amener une solution, mais il faut aussi que ce soit aux meilleures conditions possibles pour la France.

Voilà pourquoi nous cherchons tout d'abord ce qui peut donner au gouvernement le plus haut caractère de force et de dignité, le plus d'unité dans cette voie de transition où nous sommes engagés, où nous demandons non pas à nous traîner, mais à marcher. Or, nous avons besoin, dans cette voie difficile, périlleuse peut-être, mais dont nous n'avons pas le choix, qui nous semble seule ouverte, de voir et de suivre le drapeau de la France! Nous voulons que le pouvoir qui agit, qui représente le pays à l'étranger, soit analogue à la nature de la France, militaire: nous voulons qu'il offre un glorieux point de ralliement à notre belle et grande armée, et qu'il devienne ainsi la sauvegarde de la discipline contre les théories dissolvantes du socialisme; nous voulons, enfin, qu'il nous réunisse tous, à côté d'une assemblée nouvelle, pour travailler tous à la reconstitution de la France, sur les bases les plus nationales, comme nous avons vu, après la révolution de février, une assemblée discuter une Constitution, malgré les assauts du socialisme, grâce au dévouement de l'armée et des braves généraux, que l'Afrique nous avait préparés pendant dix-huit ans.

IX.

Tous ces résultats sont impossibles avec M. Louis Bonaparte.

C'est une de nos plus graves objections contre sa candidature : elle est illégale d'abord, et puis elle n'est pas militaire.

M. Bonaparte n'a de militaire que le nom. M. Bonaparte est bourgeois ; nous ne comprenons pas pour notre part un Napoléon bourgeois, et, si les Elyséens veulent bien nous permettre de nous servir de la langue de l'empire, un bonapartisme *pékin*.

M. Bonaparte ne peut donc nous servir ni comme candidat constitutionnel ni comme candidat militaire.

M. Bonaparte n'a pas même le droit de porter un uniforme français. Où sont ses titres pour offrir un point de ralliement à la discipline de notre armée ? Où sont ses titres pour imposer à l'étranger le respect de la France ?

Quant à l'union désintéressée qui pourrait exister entre lui et une assemblée, dans l'intérêt du pays, pour le salut de ce pays, quant à son esprit parlementaire, nous sommes tous édifiés à cet égard ; nous savons que ses partisans n'ont cessé d'attaquer l'Assemblée, et qu'ils ont une idée fixe, c'est d'assurer le pouvoir exécutif à M. Louis Bonaparte, sans se préoccuper ni du pays ni du parlement qu'ils regardent comme un rouage très-inférieur.

C'est là pour eux la grande et la seule affaire.

Mais en s'occupant ainsi de l'affaire de M. Louis Bonaparte, ils oublient la nôtre.

Ils prétendent nous donner un pouvoir exécutif de leur choix, et cela parce que M. Louis Bonaparte est le neveu d'un grand homme, qui était à lui seul tout un gouvernement.

Ils nous forcent d'abord à leur dire très-haut, puisqu'ils paraissent l'oublier, que M. Louis Bonaparte n'est pas son oncle.

Lui-même sans doute n'a pas la prétention de recommencer l'épopée impériale et de donner ses cousins pour rois à l'Europe ; il lui suffit de les avoir à côté de lui dans une république. Si M. Louis Bonaparte ne peut exercer sur l'Europe la même influence que son oncle, il lui est également impossible d'établir en France

le même gouvernement. — Quel sera donc son but?
Et que fera-t-il de ce pouvoir qu'il demande?

Quel sera le résultat de cette candidature que l'on
nous représente déjà comme souveraine et comme su-
périeure à la légalité elle-même?

Et cependant la légalité a bien son prix pour une
nation, surtout pour une nation comme la nôtre, expo-
sée à toutes les tempêtes des révolutions. La légalité
est au moins un gouvernail sûr, qui, entre des mains
habiles et loyales, peut nous faire éviter bien des écueils
et seul nous conduire au port. La légalité, c'est la
règle.

Il y a cela d'excellent dans la légalité qu'en observant soi-même cette règle, on peut la faire observer à
tout le monde ; on peut même l'imposer.

Or, ce que nous proposent les Elyséens exaltés, c'est
de violer la règle pour fonder le pouvoir qui a tant besoin de règle et qui doit s'y conformer, pour que tout le
monde s'y soumette.

On peut changer la loi, sans doute ; mais il faut la
changer légalement.

Oui, la loi et une épée, c'est tout ce que nous demandons, c'est tout ce que l'on demandera dès qu'on ne
pourra espérer la révision totale et le rétablissement
immédiat de la monarchie. Tout le reste est faux, vague,

confus, et tombe dans les commérages et les intrigues
d'une politique faible et impuissante, dans des appa-
rences de politique qui dégoûtent les esprits sérieux, et
qui laissent la voie ouverte à toutes les entreprises, à
toutes les folies, à tous les abaissements, comme à toutes
les crises révolutionnaires.

X.

M. Louis Bonaparte ne peut refaire l'empire que son oncle n'a pu défendre, pas même imiter les Cent-Jours, et il ne lui est pas donné d'être battu à Waterloo. Il a été à Ham, on ne l'enverra jamais à Sainte-Hélène. Il est trop bien avec lord Normanby pour avoir rien à craindre des plus grands ennemis de son oncle.

Mais ce qu'on veut nous imposer avec M. Louis Bonaparte, c'est, sous une forme quelconque, une contrefaçon de 1830 après la révolution de 1848, tentative aussi impossible que celle d'une copie de l'empire.

Avec qui et avec quoi la ferait-on?

Et, d'abord, M. Louis-Napoléon n'est pas plus Louis-Philippe qu'il n'est Napoléon.

Pour peu qu'on songe un instant à tous les moyens dont a disposé le gouvernement de 1830, moyens qui ont disparu aujourd'hui, on est frappé de la profonde différence qui existe non pas seulement entre les hommes mais entre les époques.

Quand Louis-Philippe fut nommé roi des Français par la chambre des députés, en 1830, il eut avec lui pour établir son gouvernement, pour choisir ses ministres, toute l'opposition de quinze ans, de MM. Lafayette, Laffitte, Benjamin Constant, Dupont (de l'Eure) à MM. Casimir Périer, Guizot et Thiers. Il eut avec lui l'opposition dans toutes ses nuances et tous les hommes qui s'étaient formés dans l'opposition.

Louis-Philippe était, depuis longtemps, regardé comme le chef naturel de cette opposition. Il arrivait au pouvoir, elle y arrivait avec lui.

Que si, au lieu d'admettre le fait révolutionnaire de Juillet, on l'avait écarté, et que le duc d'Orléans eût été régent du royaume comme son aïeul, gouvernant cette opposition dont il était le chef, résistant aux entraînements démogagiques, développant la grande politique extérieure, déjà suivie par la Restauration, avec des hommes que l'opposition et de grands talents avaient rendus populaires, remaniant, après la glorieuse conquête d'Alger que lui laissait le roi Charles X, les traités de 1815, il affermissait en même temps le gouvernement tout entier par le respect de la légalité, dont la régence aurait été l'expression, et le pouvoir royal,

dont la transmission serait restée régulière et invio-
lable ; il n'y aurait pas eu de révolution de février, et il
n'aurait pas même été question de la présidence de
M. Louis Bonaparte ; car Louis-Philippe régent, sau-
vegardant le principe monarchique, aurait eu avec lui
tous les hommes monarchiques de France, l'immense
majorité du pays.

Dans la situation qu'il accepta, ou qu'il regarda
comme lui étant imposée, il eut pour base toute l'opposition ; il eut l'appui de toutes les vieilles amitiés politiques qu'il avait formées pendant quinze ans. Il était
l'expression au pouvoir, il était le roi de ce libéralisme
qui était devenu plus fort que le pouvoir lui-même, qui
envahissait tout, livres, journaux, salons ; enfin, sous
le nom de roi citoyen, ce qui signifiait roi bourgeois, il
parut consacrer l'avénement au pouvoir de toute cette
classe bourgeoise qui se crut appelée, en 1830, à jouer
le rôle de l'aristocratie protestante d'Angleterre en
1688. Il ne fut pas, mais il put se croire Guillaume III.

Quand on songe à tous les éléments passagers mais
réels de pouvoir que réunissait alors le nouveau roi des
Français, malgré une révolution, on est confondu à la
seule pensée de l'extrême folie de ceux qui voudraient
aujourd'hui, dans une situation toute différente, nous

donner une contrefaçon de son gouvernement, quand ce gouvernement vient de succomber!...

On peut dire de Louis-Philippe qu'il eut d'abord en sa faveur presque tous les faits matériels, une lutte si promptement terminée, les abdications de deux rois, et tout l'idéal qu'avait pu créer le libéralisme. Voilà pourquoi l'opposition de quinze ans, jointe à sa position personnelle et royale, à son habileté et à son expérience politiques, lui a donné dix-huit ans de règne. Il a usé, pendant ces dix-huit années, tous les éléments de pouvoir qu'il avait trouvés et apportés en 1830 ; il les a usés, parce qu'il devait ce pouvoir à une révolution, et que cette révolution, qui dure depuis soixante ans, a continué son œuvre sous le règne de Louis-Philippe jusqu'à ce qu'elle eût mis une république de l'Hôtel de Ville à la place d'une royauté de l'Hôtel de Ville.

M. Louis Bonaparte n'a pas un seul des éléments de pouvoir qu'avait Louis-Philippe, et il est en présence d'une révolution plus hardie, plus violente, qui a refait une Montagne, en présence de cette république que Louis-Philippe devait empêcher et dont M. Bonaparte est président aujourd'hui, à laquelle seul il a prêté serment. Et c'est dans une telle situation qu'il referait le gouvernement de Louis-Philippe!

Quels sont donc ses amis de quinze ans, mêlés à

toutes les luttes qu'il aurait soutenues contre le dernier gouvernement, rompus à la stratégie parlementaire, capables de reprendre les affaires et d'en soutenir le poids? Où est Lafayette, avec sa popularité révolutionnaire; où sont Laffite et Casimir Périer, par lesquels jurait tout le commerce de Paris; où sont MM. Thiers et Guizot; où est ce diplomate éprouvé qui rendit tant de services au gouvernement de 1830, où est le prince de Talleyrand? Au lieu de tout ce personnel politique, de ces talents puissants et variés, que voyons-nous comme amis politiques du président de la république? MM. Persigny et Vaudrey. Quels sont leurs titres? Nous ne voyons que deux attaques à main armée tentées sans aucune chance de succès contre le dernier gouvernement.

Il est vrai qu'une certaine partie de l'Assemblée se contenterait et se contente déjà d'une simple contrefaçon de ce gouvernement.

Mais cette contrefaçon, mêlée d'aspirations impérialistes, si contraires au régime de 1830, l'épreuve en est faite. Demandes de dotations, lutte avec l'Assemblée, société du Dix-Décembre, revue de la plaine Satory, destitution du général Changarnier, pour avoir recommandé à l'armée le respect de la discipline, discours de Dijon, pétitionnement bonapartiste, dirigé par les préfets et blâmé par la chambre, petite cour à l'Élysée, petits familiers, petit ministère, petits moyens, M. Odilon Barrot, le grand ministre, le Casimir Périer du régime, le soutien de M. Bonaparte après avoir contribué, sans le vouloir, à la chute de Louis-Philippe, M. Barrot que l'on congédie, que l'on veut et que l'on ne veut pas rappeler, voilà le système que l'on nous propose de proroger ou de réélire.

Louis-Philippe, qui était dans les meilleures conditions pour fonder un gouvernement bourgeois, qui pouvait dire à la propriété : « Je suis le plus riche propriétaire du royaume, » n'a point réussi : nous demandons comment un Napoléon bourgeois réussirait à donner, même trois ans de plus à ce pays, la contrefaçon du régime de Louis-Philippe et un nouveau juste-milieu en dehors des hommes qui ont soutenu ce système, système d'ailleurs usé, système dont les ruines ne peuvent abriter aujourd'hui aucun gouvernement?

L'idée de faire un juste-milieu bonapartiste, même à bref délai, avec les débris et les restes de l'orléanisme, est d'autant plus fausse, d'autant plus dangereuse que la chute du gouvernement de 1830 a été le résultat de causes plus irrésistibles, et que l'épreuve de ce gouvernement, tentée dans les meilleures conditions, a complétement échoué.

Pour nous résumer, quel a été l'argument social, surtout invoqué en faveur du gouvernement de 1830, c'est qu'il était l'exclusion, la négation de la république, effroi de cette société, c'est qu'il l'empêchait de passer. M. Louis Bonaparte, au contraire, est président de la république. Qu'on viole la légalité pour lui conserver le pouvoir exécutif, toutes les fautes de son gouvernement seront attribuées à la fausse auréole de monarchie qui semblera entourer son nom, et le socialisme tirera à la cible sur les oripeaux d'un pouvoir impuissant en paraissant frapper, aux yeux d'un grand nombre, un dernier fantôme de monarchie!

C'est la crise la plus funeste et la plus terrible dans laquelle pourrait être jetée cette société en lacune de royauté, sociéte qui se trouverait atteinte dans sa dernière ressource, dans sa réserve suprême, celle de son ancien gouvernement, dont la tradition elle-même finirait par périr sous le nom de Napoléon, sous l'imitation vaine et fatale d'une fausse royauté, qui laisserait passer le socialisme comme Louis-Philippe a laissé passer la république!

XI,

Chose bien remarquable, qui doit fixer l'attention des esprits sérieux, le bonapartisme ne pose pas seulement la question sociale, il pose aussi, par ses prétentions personnelles, par son antagonisme contre l'assemblée, par son mépris de la légalité, la question politique, celle du gouvernement représentatif, qui semblait résolue et presque rebattue dans ce pays.

Et il la pose contre lui-même. Il force la France à revenir sur cette question, il la force à chercher comment un pareil débat peut encore se représenter. Il nous ramène au point de départ de 89.

Or, nous ne sortirons pas des crises révolutionnaires où nous retombons sans cesse, en faisant de la politique de circonstance, en nous réfugiant dans un arbitraire de hasard, comme on le voudrait, en oubliant et les grandes causes des événements, et les principes de gouvernement qui, depuis 89, sont livrés à la discussion, sans qu'on ait réussi à les concilier, et qu'une solution, c'est-à-dire, un gouvernement durable et définitif soit résulté de ce long débat.

Nous sommes une antique monarchie, dans laquelle on a voulu tout changer en 89, pour fonder le régime réprésentatif. Et, en effet, il y avait de grandes réformes à opérer, que personne ne conteste, mais on a violemment attaqué la société et détruit le gouvernement lui-même. Dès lors, plus que jamais, le régime représentatif est devenu nécessaire, car nous avons perdu tout ce qui en tenait lieu. Où sont les trois *ordres* de l'état comme on les appelait, c'est-à-dire son organisation même? Où sont les parlements? Où sont les différents conseils du roi, compris sous le nom de Conseil d'État, où s'élaboraient toutes les affaires? Où est cette noblesse militaire, cette noblesse de robe, ces État de province, ces traditions de politique intérieure et extérieure? Où est, en un mot, cet ancien régime, qui avait sa raison d'existence?

Il ne nous est resté politiquement que la profonde empreinte du principe monarchique et le régime des assemblées remis en vigueur par les États-Généraux.

A moins que nous nous déclarions maintenant pour

le despotisme pur et simple, pour le despotisme brutal, comme celui de l'empire, qu'un homme de génie n'a pu maintenir, il faut bien que nous admettions un fait, c'est que le régime représentatif est le seul possible, le seul qui offre la base d'une organisation politique , le seul qui nous reste.

C'est ce qui ressort du pouvoir même aujourd'hui reconnu à l'Assemblée nationale.

Après quatorze ans de dictature impériale, pendant lesquels le maître passager du pouvoir imposa silence au sénat et au corps législatif, il suffit d'une proposition de M. de Lafayette pour faire décréter la déchéance de Napoléon par la chambre des Cent-Jours. L'auteur du dix-huit brumaire fut gardé à l'Élysée par deux factionnaires ; il demanda à commander l'armée comme simple général, et sa prière fut repoussée par la chambre. Le despote tombait , le régime représentatif se relevait. La Restauration avait reconnu hautement la nécessité de ce régime , et l'on peut dire que, pendant les Cent-Jours, Napoléon fut forcé de subir la Charte de Louis XVIII.

Mais à peine cette Charte avait-elle été promulguée, qu'elle fut d'abord attaquée par le parti bonapartiste, dans l'intérêt d'un homme, ce qui amena les Cent-Jours, et ensuite par le parti libéral, adversaire du passé consacré par la Charte, ce qui amena la révolution de Juillet, qui nous a ramené la république.

Le parti libéral paraissait défendre la Charte en l'attaquant dans la royauté même, qui l'avait donnée.

Le point contesté était toujours la question de 89, la question du gouvernement représentatif. Le parti libéral soutenait qu'elle n'était pas fidélement exécutée, ou qu'on voulait la retirer.

« Toute la Charte ! rien que la Charte ! » s'écriait le général Foy.

« Pour avoir le gouvernement représentatif, disait M. Thiers, nous passerons la Manche, et, s'il le faut, l'Atlantique ! »

C'est d'une lutte entre la prérogative royale et la chambre des Députés, après l'adresse des 221, que la révolution de Juillet est sortie. On le voit : c'était toujours la même question, celle du gouvernement représentatif.

Or, l'on nous menace de rien moins aujourd'hui que de la violation la plus audacieuse de la légalité, ce qui tendrait à la suppression même du gouvernement représentatif. On nous en menace, et, contradiction étrange, on travaille à créer un juste-milieu bonapartiste qui hérite de l'orléanisme !

C'est toujours la même question qui s'agite, celle

de notre organisation politique, celle du résultat de nos soixante ans de révolution. Qui ne voit ici une énorme différence entre le gouvernement de Louis-Philippe et celui de M. Bonaparte? Le premier a professé tout d'abord le respect de la légalité; il a voulu se fonder sur ce mot : la Charte sera désormais une vérité ! Sans doute il commençait par violer la loi fondamentale de la Monarchie, mais dans les idées libérales qui avaient cours alors, c'était pour donner par une dynastie nouvelle une plus forte garantie, une base plus inébranlable au gouvernement représentatif ; c'était une seconde révolution de 1688 avec son Guillaume III.

Une classe nombreuse, qui devait imiter l'aristocratie anglaise, faisait son avénement au pouvoir avec la royauté de 1830, et nous allions voir se réaliser la prophétie de Siéyes sur le Tiers-État, comme les oracles de M. Royer-Collard sur les hautes destinées des classes moyennes. Mais le but, le grand but du gouvernement de 1830, celui qu'on annonça avec éclat au pays, ce fut le triomphe, désormais assuré, de la pensée de 89, la fondation définitive du système représentatif, dont le nouveau régime ne serait que la consécration.

C'est dans cet espoir et dans cette confiance que l'on ne donna pas au prince, qui devait être le Guillaume III

de la révolution de 1830, trois ou quatre ans d'une magistrature républicaine, mais qu'on lui vota à lui et à
sa race l'hérédité.

Les préfets n'eurent pas alors à faire circuler dans
les villes et les campagnes des pétitions pour la révision
d'une Constitution trop républicaine et la prorogation
des pouvoirs. Le chef de la branche cadette n'eut point
à lutter contre la légalité, contre le gouvernement
représentatif lui-même, pour établir son autorité ; on
lui accorda toute l'autorité qu'il pouvait demander, et
cela au nom de la loi. Il n'eut pas besoin de solliciter
l'appui des classes moyennes, la majorité de ces classes
était avec lui, comme la légalité de la révolution et de
la Charte de 1830.

Voilà comme il entreprit la tentative du gouvernement représentatif des classes moyennes, classes
qui, depuis soixante années, ont voulu ce gouvernement, que l'Empire avait profondément humiliées,
et que la Restauration n'avait pu satisfaire. Il ne s'agissait point alors d'aventures extrà-légales et de rêves
impérialistes, il ne s'agissait point de mépris du régime
parlementaire ; on ne se présentait ainsi ni au pays ni
aux classes moyennes, elles auraient hautement re-
poussé de telles manifestations, et le nouveau gouvernement était loin d'y songer. Il voulait paraître, au

contraire, plus légal, plus parlementaire que la Restauration : c'était son titre.

Que prétendraient donc aujourd'hui les Élyséens avec cette fraction d'anciens orléanistes, sur lesquels ils voudraient s'appuyer pour inaugurer une sorte de juste-milieu bonapartiste, qui remplacerait le juste-milieu de l'orléanisme? Ce n'est pas sans doute le gouvernement représentatif et parlementaire qu'ils viennent fonder, car ils commencent par attaquer la légalité et l'Assemblée, car ils veulent donner à M. Bonaparte ce que la loi lui refuse, et c'est avec les lambeaux même d'une Constitution déchirée qu'ils se proposent de former son pouvoir.

L'expérience du régime représentatif des classes moyennes avec le roi qu'il lui fallait, les chambres qu'il lui fallait, a échoué, quoiqu'il soit resté dans la légalité et dans les termes de la Charte de 1830. Qu'espère-t-on d'une tentative qui aurait pour résultat un gouvernement illégal, inconstitutionnel, d'une partie des classes moyennes ; un mélange d'impérialisme bourgeois et d'orléanisme dissident, se ralliant à un pouvoir de rencontre, en faisant bon marché des principes de gouvernement et de légalité, pour lesquels on avait lutté jusqu'aujourd'hui ! Quel misérable avortement ne prépare-t-on pas à ce régime faux et bâtard ?

Quand on se replace au milieu des causes qui ont amené la chute du gouvernement représentatif des classes moyennes, on voit bien mieux le gouffre qui s'ouvre devant un juste-milieu bonapartiste.

Ces causes tenaient à l'essence même du gouvernement représentatif, à la situation particulière de notre société comme à toutes les traditions de notre histoire.

Ce que les électeurs, qui nommèrent les États-Généraux, voulaient en 89, c'était l'intervention de la société dans ses propres affaires ; comment cette intervention doit-elle avoir lieu? toute la question du gouvernement représentatif est là.

C'est la question qui n'a pas cessé de s'agiter depuis 89. La longue et funeste suspension des États-Généraux a été une des causes de la révolution de 89, mais ces assemblées n'en avaient pas moins représenté toute la société, clergé, noblesse, tiers-état, d'après la base d'un vote général ; ce principe s'est retrouvé en 89 pour l'éléction des États-Généraux. Il se retrouve dans le vote universel d'aujourd'hui. La France n'est pas comme l'Angleterre, où l'aristocratie a été assez forte pour faire pivoter sur elle-même tout le système du gouvernement ; l'aspiration constante de la France a été un gouvernement d'unité par la monarchie héréditaire, de généralité par l'élection qui représente toute la société française. Il y a quelque chose de catholique dans cette grande aspiration : le roi est le pape, la France est l'Église. Maintenant, la société est-elle dans un péril qui nécessite la dictature, qui doive faire écarter la discussion même de toute question de gouvernement, et devons-nous choisir un nom au lieu d'un système et d'un homme, comme si ce nom devait nous tenir lieu de tout?

Ce n'est pas encore ce qu'on nous propose ; c'est, pour le moment, un pouvoir métis, destiné à vouloir toujours être ce qu'il n'est pas, à s'user et à nous user dans des efforts impuissants. Ainsi, l'on ne ferme pas aujourd'hui devant nous la question du gouvernement représentatif, on la laisse ouverte, mais on travaille plus ou moins à établir un gouvernement représentatif illégal, arbitraire, sur un terrain bien plus étroit, avec une fraction bien moins considérable des classes moyennes, avec des rationalistes politiques, devenus à peu près aussi incrédules de liberté que de pouvoir, et cherchant à rapprocher les tronçons du régime qu'ils ont aidé à détruire sans le vouloir, ou qu'ils n'ont pas su défendre, pour nous en faire un gouvernement. Ainsi, l'on ne nous propose pas un despotisme franc, mais un mensonge et une reculade dans l'arbitraire, qui n'a pas même de nom dans la langue politique.

Ce n'est point de la sorte assurément qu'on parviendra à réaliser ce véritable gouvernement représentatif, cette intervention régulière, légale de la société dans ses propres affaires, que n'a pu nous faire obtenir le gouvernement de 1830.

Comme la révolution de 1830 a voulu en vain imiter celle de 1688, il y a des impossibilités radicales à ce que le bonapartisme de 1851 imite ainsi l'orléanisme qui a succombé en février.

Mais, nous dit-on, l'Élysée dispose de la centralisation ; l'orléanisme disposait en maître de la centralisation, et ça été pour lui un moyen de pouvoir et une cause de ruine.

La centralisation, telle qu'elle existe parmi nous, n'est et ne sera jamais compatible avec le gouvernement représentatif. Comment veut-on que la société participe à son gouvernement quand elle est enveloppée tout entière dans un réseau administratif qui ne lui permet pas même de régler librement ses affaires locales et qui la place sous la suprématie d'un système bureaucratique universel, dont le centre est à Paris, sous l'influence immédiate du gouvernement ou des révolutions périodiques qui viennent le renverser ?

Voilà précisément ce qui établissait une différence si profonde entre le gouvernement de 1830, en France,

et celui de 1688, en Angleterre. Où était cette aristocratie anglaise, si puissante dans les comtés, si influente
par son patronage, si habituée aux affaires, si politique,
qui, formant un tout avec le pays, dont elle était la
tête, agissait de la circonférence au centre, au lieu
d'être dominée et effacée par une centralisation absor-
bante, qui ne laisse à aucune classe l'esprit qui lui est
propre, et qui, par son matérialisme païen, ne favorise
que deux espèces de gouvernement, le despotisme ou
le régime révolutionnaire, ce qui revient au même?
Rien de semblable à l'artistocratie angláise, qui a fait
et consolidé la révolution de 1688, n'existait parmi
nous pour fonder un nouveau gouvernement représentatif en France, basé sur un changement de dynastie
et sur une partie exclusive des classes supérieures.
L'étoffe d'une classe politique, comme l'aristocratie
anglaise, manquait absolument au nouveau régime, et
c'était précisément l'étoffe du gouvernement représentatif. Dès lors on pouvait prédire sa chute à un jour
donné.

Mais ce gouvernement a fait et devait faire une
grande illusion, il se l'est faite à lui-même et aux
autres : nous en dirons la raison, c'est que beaucoup en
France n'ont étudié que bien superficiellement les lois
du gouvernement représentatif. Ils l'ont vu dans des

abstractions révolutionnaires, dans des formules dogma-
tiques, au lieu de le voir dans les conditions sociales
et pratiques qui peuvent assurer son existence, dans
la souveraineté du peuple, par exemple, au lieu d'une
puissante organisation municipale, dans les chimères
qui alimentent des discussions insolubles, au lieu des
faits qui constituent une société.

Le gouvernement représentatif de 1830 fut placé, dès
son origine, entre ces deux formules : « La Charte sera
désormais une vérité. » « Le roi règne et ne gouverne
pas. »

Comment appliqua-t-on la première? On respecta la
légalité, sans doute, mais on donna un développement
excessif à la bureaucratie, par conséquent à la centralisation, par la création d'un grand nombre de places
nouvelles pour ces classes mitoyennes, dont l'avénement devait fonder le régime représentatif et réaliser
la pensée de 89, mais qui n'avaient ni les fortunes de
l'aristocratie anglaise, ni ses traditions politiques, ni
ses lumières; qu'on n'en doute pas, voilà, au point
de vue du gouvernement représentatif, la grande cause
qui tua le régime de 1830. On pourrait calculer presque
mathématiquement le nombre d'années que lui a don-
nées l'opposition de quinze ans, comme base de popularité, base très-large d'abord, mais qui est toujours

allée en se rétrécissant, et le terme fatal que lui marquait le développement toujours plus rapide du régime bureaucratique de la centralisation.

Une opposition n'est point embarrassée pour vivre. Elle vit sur les promesses, sur les abstractions et les formules qu'elle fait briller aux yeux séduits de la foule ; l'opposition de quinze ans avait ainsi donné au gouvernement de 1830 sa première raison d'existence ; mais ce gouvernement ne put toujours vivre sur l'opposition, sur la protestation, c'est-à-dire sur la négation, il lui fallut arriver à l'affirmation et à la pratique.

C'est dans la pratique même que se révéla la nature de ces classes mitoyennes qui devaient nous donner la réalité du gouvernement représentatif : très-positives, n'ayant que des fortunes médiocres, n'étant point assez riches, par conséquent, pour intervenir gratuitement dans les affaires publiques, elles prétendirent généralement aux emplois de l'administration et y trouvèrent des cases qui leur convenaient parfaitement : il en résulta que le régime bureaucratique inventé surtout par le despotisme de l'empire et pour l'usage de l'empereur, qui, au moins, l'employait à de grandes choses, fut adapté aux besoins de cette classe intermédiaire qui nommait les députés, qui formait le personnel de la chambre elle-même, et à laquelle il fallait l'appoint des places pour s'occuper de politique. Ces classes ne pouvaient mettre le gouvernement représentatif dans ses meubles ; au contraire, il le leur fallait tout garni. Elles lui apportaient des formules et les éléments d'une discussion perpétuelle sur les droits et l'origine des pouvoirs, mais elles se trouvaient en dehors des grands intérêts du pays, de l'agriculture surtout ; elles n'avaient point l'indépendance nécessaire dans un vrai gouvernement représentatif, et elles avaient généralement leur fortune à faire. Par le développement de la bureaucratie, elles ne pouvaient aspirer qu'à fonder une aristocratie salariée.

Nous ne cherchons point ici un texte de blâme et de satire ; c'était, si l'on veut, la force des choses qui produisait ce résultat, mais cette force des choses, au lieu de favoriser l'avénement définitif dans notre pays du gouvernement représentatif, frappait ainsi de mort le système qu'on avait inauguré en 1830 comme l'expression vraie de ce gouvernement; car la majorité du pays, toujours, sous l'influence directe de la centralisation, ayant à payer un budget beaucoup trop lourd, souffrant dans son agriculture obérée, pour établir un gouvernement représentatif bureaucratique, voyait très-bien qu'on avait surtout institué un gouvernement dans l'intérêt d'une partie des classes moyennes, ce qui ne répondait aucunement aux intérêts généraux de la France. D'ailleurs, on ne pouvait satisfaire toutes ces classes, et précisément les idées révolutionnaires germaient dans la partie non satisfaite, celle que représentait la gauche dynastique. Quoi qu'on fît et quoi qu'on pût dire pour colorer cet état de choses, quel que fût le talent des ministres, l'habileté et la réputation d'habileté du prince, dans lequel on voulait voir le fondateur d'une dynastie nouvelle, il y avait là un vice radical : nous l'avons dit, l'étoffe du gouvernement représentatif manquait. Et par quoi y suppléait-on ? par la bureaucratie.

La France tendait ainsi à devenir non pas une aristocratie, non pas une démocratie, mais une bureaucratie bourgeoise.

Nous ne sommes pas surpris de ce mot attribué à Louis-Philippe, « qu'en Angleterre il fallait compter avec le parlement, mais qu'en France c'était le parlement qui comptait avec le pouvoir. »

Qu'on nous permette de rappeler ici la mémorable discussion qui s'engagea à la chambre des Députés sur la question des *incompatibilités,* soulevée par la proposition de M. de Rémusat.

C'était la question même du gouvernement représentatif en France.

On peut aujourd'hui encore relire avec fruit le très-remarquable discours que **M.** Thiers prononça en cette occasion, pour les vérités qui s'y trouvent et pour toutes celles qu'il est facile d'en faire jaillir, souvent par contraste avec certaines opinions qui étaient comme obligées pour l'orateur.

Il y a un passage de ce discours où l'incompatibilité entre la centralisation et le gouvernement représentatif n'est pas avouée, si l'on veut, mais indiquée cependant avec ce coup d'œil qui appartient à une intelligence politique faite pour se désintéresser quelquefois des calculs étroits du présent, pour chercher les combinaisons plus vastes de l'avenir, pour traiter et résoudre la vraie question en elle-même, en dehors des circonstances qui ne sont jamais que des accidents.

M. Thiers toucha, en cette occasion, le point le plus important de toute la question du gouvernement représentatif, celui du personnel des assemblées, c'est-à-dire du personnel même de ce gouvernement. Il ne voit pas, dit-il, pourquoi les assemblées ne se recruteraient point en France comme en Hollande, parmi ces riches commerçants qui sont indépendants par leur fortune. Cette assimilation de la France à la Hollande, de ce grand pays agricole à ce petit pays qui ne vit que par le commerce, montre assez combien M. Thiers était embarrassé pour trouver, sous le régime du monopole parlementaire et bourgeois, des députés indépendants par leur position qui ne représentassent pas le premier des intérêts de la France, celui du sol.

Comment échapper à l'élément administratif qui envahit la chambre? se disaient alors MM. Thiers et de Rémusat. Comment empêcher qu'elle ne devienne la succursale de tous les bureaux des ministères? Quels moyens prendre, d'un autre côté, pour que la plupart des fonctionnaires étant exclus de la chambre par une loi d'incompatibilité, il y ait encore, sous le monopole parlementaire, nécessaire au gouvernement, des classes moyennes, un personnel suffisant d'éligibles, capables de recruter le gouvernement représentatif de France? Raisonner ainsi, n'était-ce pas avouer hautement l'impuissance de ce monopole parlementaire, si étroit qu'en dehors de la bureaucratie qui l'envahissait, qui l'absorbait et le dépopularisait, il n'avait qu'une ressource comme personnel, les riches commerçants qui, après avoir vendu du fer, du sucre ou du coton, voudraient bien s'occuper de politique dans un pays agricole de trente-six millions d'âmes?

Pourquoi M. Thiers ne parlait-il point de la propriété? C'est qu'alors, on le sait, la partie la plus considérable de la propriété était opposée au gouvernement.

C'est ce qui rendait aussi l'existence du gouvernement représentatif d'autant plus fausse, c'est ce qui le jetait de plus en plus dans la bureaucratie, ce qui donnait au ministère de l'intérieur une telle influence électorale, avec ce résultat que l'administration agissait de plus en plus sur les électeurs pour nous donner une Assemblée qui représentât l'administration.

Telle était la situation du gouvernement représentatif en France avant Février 1848, et voilà pourquoi la chambre des Députés a été si facilement emportée par l'émeute.

C'est le régime étroit du monopole bureaucratique et bourgeois qui a étouffé le gouvernement représentatif des classes moyennes. Qu'on se rappelle comment il a débuté avec les fanfares de l'opposition de quinze ans, la grande date de 1688, le nom de Guillaume III, tout un mirage historique, porté sur les éloquentes paroles de MM. Casimir Périer, Thiers, Guizot, Duchâtel, de Broglie, et qu'on se souvienne comme il a fini ! Qu'on se souvienne de cette chambre des Pairs et de cette chambre des Députés effacées par un geste de l'émeute ! Pouvait-il en être autrement ? Les ministères étaient pris ou allaient l'être. L'Hôtel de Ville avait l'interrègne. Le gouvernement des classes moyennes n'avait pu créer un établissement représentatif assez fort pour nous faire sortir de la révolution ; il n'avait su que développer la centralisation, et il ne pouvait faire autrement. Comme excès de pouvoir et comme moyen de révolution, cette centralisation l'a tué.

Or, que fait aujourd'hui le bonapartisme? Par la loi du 31 mai, il prétend agir sur le suffrage universel, par les maires qu'il veut nommer exclusivement, composer les listes électorales, par la centralisation et les places, constituer un nouveau monopole d'une certaine classe, non plus au nom de la légalité, mais de l'arbitraire!

Le monopole légal a été renversé, le gouvernement représentatif d'une partie exclusive de la société n'a pu le maintenir, l'expérience des hommes les plus éminents, la popularité de l'opposition de quinze ans, tout a été inutile : le monopole illégal, le rétablissement de ce qui a péri sans retour, la transfiguration de l'orléanisme parlementaire en bonapartisme bourgeois non parlementaire sont des extravagances et des provocations qui ne pourraient qu'entraîner dans les abîmes les insensés qui feraient une telle expérience au rebours de toutes les idées et de tous les principes!

XII.

Le néo-bonapartisme est jugé.

Nous ne lui sacrifierons ni la société qu'il perdrait, en jetant au socialisme la provocation d'une apparence de monarchie, ni la forme représentative qu'il lui livrerait en violant la légalité. Socialement, politiquement, nous avons autre chose à faire.

Cette société ne peut reprendre, elle ne reprendra pas le pli du monopole, elle n'y rentrera point par l'illégalité, tandis que la légalité seule pouvait le dissimuler.

Il faut que la société soit sauvée.

Il faut que le grand travail de la fondation du gouvernement représentatif en France, au milieu duquel le bonapartisme est intervenu comme un anachronisme, s'achève et se complète.

Nous allons dire comment : De même qu'on a vu l'Assemblée pleine de mesure à l'égard du pouvoir exécutif, il faut qu'on voie un nouveau chef du pouvoir exécutif dans une parfaite union avec l'Assemblée ; il faut que, dans cette France toute militaire, l'attentat du 18 brumaire soit ainsi réparé par un général devenu, nous l'avons dit, le bouclier de l'Assemblée, l'épée de la loi, autant que le défenseur de la société.

Il faut que cette réaction puissante contre le bonapartisme ancien et nouveau, contre le vieil ennemi de la légalité, fasse pénétrer profondément, dans ce pays de soldats, le respect de la légalité et du gouvernement représentatif, seul gouvernement qui se trouve entre nous et le socialisme, gouvernement de nos longues épreuves et de nos longs efforts, gouvernement de l'avenir, auquel nous travaillons depuis soixante années.

Ainsi nos longues epreuves, nos longs efforts, l'aspiration et les travaux glorieux de nos hommes les plus éminents dans tous les partis, ne seront point perdus, et nous ne risquerons pas pour un quart-d'heure d'humiliant despostime, de faux et de lâche repos, l'attente de plusieurs générations et l'avenir de la France !

Le suffrage universel proclamé en Février, au sortir du monopole parlementaire de 1830, par les théoriciens effrayés de la République, n'a été qu'un retour aux vieilles traditions de la France, et, en même temps, le seul moyen de gouvernement dans ce **pays** déclassé et victime de deux révolutions.

Le principe révolutionnaire a profondément remué la France ; il a gâté et corrompu un grand nombre d'esprits ; il a pénétré sous toutes les formes dans le sein même du pays ; il a altéré les croyances et les mœurs, ébranlé et secoué le pouvoir, comme un arbre qui ne peut plus produire de fruits. Les demi-remèdes ne conviennent pas à notre situation, il importe de mettre chacun en présence de cette situation ; le suffrage universel, dans cette société en péril, est un appel fait à la conscience de chacun, une conscription générale de toutes les intelligences, de toutes les volontés qui ont toutes un numéro pour servir leur pays, et pour s'enrôler dans la croisade qui doit le défendre et le sauver.

Tel est aujourd'hui le suffrage universel.

Il n'a point encore le cadre qu'il doit avoir, le cadre municipal que fera la décentralisation, mais il l'aura ; car, en France, décentraliser, en développant le régime municipal, cette véritable base de notre société comme du gouvernement représentatif, c'est organiser.

Il est arrivé à **M.** de Cormenin de dire qu'il avait fait

la loi électorale du suffrage universel, il ne l'a point faite ; mais en présence de l'insurrection, maîtresse de Paris, de la république proclamée et imposée, au milieu d'une ville sans gouvernement, quand la chambre du monopole parlementaire avait disparu, que la fiction du gouvernement représentatif imité de l'Angleterre s'était évanouie, et qu'à la place d'une fausse révolution de 1688, reparaissait la vieille révolution française sous le nom de république, pour faire trancher une dernière fois la question entre la république et la monarchie, alors les théoriciens mêmes de la république, qui n'avaient pas cru à un aussi prompt triomphe de leur utopie, appelèrent à leur secours le vote universel, c'est-à-dire la France.

C'était imiter la monarchie, qui convoquait les États-Généraux dans les circonstances les plus graves ; c'était entrer dans la voie où, depuis dix-huit années, s'était placée toute la presse de droite en demandant le vote universel.

Les chefs du gouvernement provisoire n'avaient que ce moyen d'empêcher que leur autorité fût vaincue par l'émeute : de Paris ils en appelaient à la France. Dès lors, il n'y eut plus qu'une pensée au milieu de tous les périls de la situation : l'Assemblée nationale.

L'existence de cette assemblée n'a guère été, en

effet, qu'une lutte contre la démagogie parisienne, qu'un triomphe sur l'esprit révolutionnaire. Là, a commencé ce grand travail, cette réaction sociale et politique, admirable, dans l'histoire du gouvernement représentatif de France, un travail, une réaction, qui ne doivent pas être perdus pour le pays, qui doivent l'aider puissamment à constituer un gouvernement définitif et durable.

Tandis que la révolution première avait commencé par l'antagonisme de l'assemblée constituante et de la royauté; tandis que les 219 députés de 1830 avaient violé le droit monarchique du pays, après une lutte violente contre le pouvoir royal, les deux assemblées élues depuis 1848, la Constituante et la Législative, ont soutenu avec persévérance et abnégation même le pouvoir exécutif. La convention avait été dominée par les clubs, elles ont vaincu les clubs; la convention avait persécuté la religion, elles ont fait et soutenu l'expédition de Rome.

Que d'occasions de conflits de la part du pouvoir exécutif, et quelle patience de la part de l'assemblée législative!

Eh bien! l'épreuve est bonne. Si tous nous savons la comprendre, elle fonde le gouvernement représentatif.

Il ne tenait qu'à M. Louis Bonaparte de contribuer au succès de cette grande épreuve. Quel facile concours n'a-t-il pas obtenu tout d'abord de l'assemblée ?

Quand l'accord a-t-il cessé ? Lorsque le bonapartisme a voulu travailler dans l'intérêt personnel de M. Louis Bonaparte et faire servir une magistrature provisoire à la brigue d'une présidence illégale.

Et cependant l'assemblée, en présence des scènes de la plaine Satory, des intrigues et des violences de la société du Dix-Décembre, des attaques et des insultes systématiques de la presse Élyséenne, s'est bornée à contenir le bonapartisme. La destitution de l'illustre général Changarnier, qui était honoré par la majorité d'une confiance si absolue et si bien justifiée, cette destitution motivée par le respect que le général avait montré pour la discipline, n'a point ébranlé l'assemblée dans sa ferme résolution de pousser la mesure, dans ses rapports avec le pouvoir exécutif, jusqu'à la dernière limite.

Et il faut reconnaître que l'assemblée a bien fait. En agissant ainsi elle a eu le sentiment des vrais intérêts de la France. C'est ainsi seulement que nous pouvons conquérir un gouvernement libre, qui ne soit point à chaque instant battu et renversé par la tempête révolutionnaire. C'est d'en haut que l'exemple de la bonne

harmonie et de l'esprit de paix doit être donné au pays.
C'est ce qu'a fait l'assemblée. Beaucoup ont pu croire,
en ne se préoccupant que de la circonstance, qu'elle
l'avait fait avec excès; mais ils oubliaient jusqu'où
avait été poussé l'excès contraire, et quels coups les
assemblées avaient porté au pouvoir exécutif, quel qu'il
fût.

L'assemblée a fait une chose bonne et nouvelle.

Quand le bonapartisme, au contraire, attaque l'assemblée avec violence, quand il prétend l'abaisser et
l'absorber, il fait une chose vieille et mauvaise, qui
tend à ramener toutes ces anciennes luttes entre le
parlement et le pouvoir exécutif, dont il faut que nous
sortions enfin, si nous voulons conserver une société
et obtenir un gouvernement.

Quel doit être le couronnement de tous ces nobles et
patriotiques efforts de l'assemblée? Comment pouvons-
nous sortir à la fois de la crise sociale et de la crise
politique?

Il n'y a qu'un moyen pour arriver à un tel but : entrer dans cette grande trève, dans cette grande pacifi-
cation de la légalité, à laquelle nous convions tous les
partis, par une candidature constitutionnelle.

Mais nous disons monarchie, et d'autres disent république, d'autres disent expédient.

Disons d'abord tous : légalité.

Disons légalité, pour éviter la guerre civile et le dé-chirement de la France.

Disons légalité, parce que c'est un mot d'avenir, le mot du gouvernement définitif de la France ; un mot, nous l'espérons, de transaction et de réconciliation, parce que c'est un mot d'organisation.

Disons légalité ; il y a de l'honneur dans ce mot-là, il impose des engagements mutuels, et c'est un appel constant à la loyauté de tous les partis.

Mais pourquoi écarter les candidatures princières, quelles qu'elles soient, lorsqu'il s'agit de légalité? C'est que nous avons déjà fait l'expérience d'une candidature princière; c'est que la France ne peut pas sortir de la république par une porte dérobée et une usurpation nouvelle, mais par la grande porte ; c'est qu'elle doit se prononcer entre la république et la monarchie, mais qu'elle ne souffrira pas qu'on lui escamote sa dé-cision et qu'on lui impose le résultat d'une intrigue étrangère à tous les principes.

Ceci est dans l'intérêt de la république comme de la monarchie.

Nous avons entendu un membre éminent de l'Assem-blée dire à des collègues républicains : « Votre opinion et vos candidats effraient, quand il s'agit de la prési-

dence de la république, et vous faites le plus grand tort
à cette république que vous voulez fonder. Que ne ve-
nez-vous à la tribune publiquement renoncer à vos
candidats et accepter un candidat constitutionnel,
sans doute, mais un général qui rassurerait cette société
effrayée ? C'est le meilleur et le seul moyen pour vous
de travailler à l'établissement de la forme de gouvernement que vous préférez. »

Eh bien ! nous pensons de même. Nous ne craignons
pas, nous, cette épreuve ; nous la demandons, au contraire, si la révision est rejetée ; oui, que l'épreuve d'une
présidence constitutionnelle, nouvelle trève pour tous
les partis, ait lieu entre les républicains et nous, qu'elle
ait lieu loyalement, qu'elle ait lieu avec la loi du 34 mai
amendée ; et comme on a vu déjà un de nos généraux
d'Afrique dépositaire du pouvoir exécutif, qu'un général
d'Afrique reçoive encore cette haute marque de confiance et d'honneur.

Pourquoi appelons-nous un général à ce rôle magni-
fique de défenseur et de pacificateur de la société, de
véritable fondateur du gouvernement représentatif, par
l'éclatant exemple qu'il donnerait de respect pour la
légalité et d'harmonie parfaite entre les pouvoirs ?
C'est que nous prévoyons le jour où, devant une assemblée française émue et recueillie dans une solen-

nelle contemplation de l'avenir, avant de rendre une décision de vie ou de mort, seul il pourra monter à la tribune et dire aux membres de cette assemblée chargée de prononcer sur nos destinées : « Mandataires du pays, délibérez en paix. »

Pourquoi appelons-nous un général ? C'est que nous demandons que les partis, une fois encore rapprochés dans le choix d'un président constitutionnel, c'est-à-dire dans un grand acte de légalité, se respectent dans une trêve dernière, qui nous évite cette guerre civile dont nous menacent les insensés du parti Élyséen, résolu à faire les affaires de M. Louis Bonaparte plutôt que celles de la France.

Pourquoi demandons-nous un général ? C'est que nous voulons qu'une épée glorieuse veille à côté de notre drapeau, et qu'elle rappelle à l'étranger, ce que fut la France, ce qu'elle pourrait être encore.

Car on ne supposera pas que nous nous résignions à être humbles, *modestes,* pour nous servir d'une expression célèbre, mille fois plus modestes que nous e l'avons été sous le dernier régime. On ne peut supposer que nous nous laissions effacer en Europe, pour qu'on nous permette de fonder un régime bonapartiste mitoyen, pour qu'on fasse payer chèrement à un pouvoir impossible ses frais d'installation parmi les puissances européennes, pour qu'on accepte, de nos mains, l'œuvre manifeste de notre propre décadence, un bonapartisme bourgeois, à côté duquel l'orléanisme bourgeois serait plein de grandeur, quelque chose enfin comme le déchet du dernier gouvernement!

Ce rôle de victime et de dupe ne convient pas à la France.

Il y a eu des illusions possibles après la révolution de Juillet; des hommes éminents ont pu les partager; ils ont pu sacrifier, dans la crise des trois journées, le principe nécessaire et vital de la monarchie à la pensée du gouvernement qu'ils croyaient fonder. Mais aujourd'hui les illusions ne sont plus possibles, et personne n'en a, même les membres de la réunion de la rue des Pyramides : il n'y a d'illusion que dans les banquets du Dix-Décembre, où l'on proclame M. Louis Bonaparte *l'héritier de l'empereur !*

Ce n'est qu'une reprise impuissante et pleine de dangers, parce qu'elle est impuissante, que l'on nous propose; c'est un nouveau vingt-quatre février, ou plutôt de nouvelles journées de juin qu'on nous prépare, par la division de tous les hommes d'ordre, et par l'encouragement qu'un pouvoir faible donnerait à tous les hommes de désordre par sa faiblesse même, et par la violation de la légalité, qu'on met sans cesse devant nos yeux, soit qu'il s'agisse de la prorogation, soit qu'il s'agisse de la réélection illégale, soit qu'il s'agisse de l'empire qu'on veut en vain ressusciter. Epreuves dont on nous menace alternativement et dont l'une, dans la pensée bonapartiste, devrait mener à l'autre.

La tentative toute récente d'une candidature du prince de Joinville est une tentative aussi mauvaise pour le pays que celle de M. Louis Bonaparte.

Ce serait le renoncement à la monarchie de la part d'un prince de la maison de Bourbon ; cette candidature est donc jugée pour les hommes monarchiques. Pour tout le monde, ce serait le moyen de recommencer l'épreuve qui a échoué en 1830, dans l'intérêt d'un prince qui, assurément, chercherait dans la présidence de la république la satisfaction d'une ambition personnelle.

Personnalité de la part de M. Louis Bonaparte, personnalité de la part de M. le prince de Joinville, rêve d'un expédient dynastique et d'une monarchie bâtarde, complication d'une situation déjà bien assez tendue, est-ce là ce que nous pouvons désirer? N'est-ce pas, au contraire, tout ce que nous devons repousser ?

Prenons une à une ce que nous appellerons les grandes organisations du pays, si ce mot peut encore se dire en France.

Est-ce là ce qu'il faut à l'Église ; peut-elle se mettre derrière l'intérêt égoïste d'une brigue princière et la lutte personnelle d'un pouvoir exécutif contre une assemblée qui défendra la légalité, la seule barrière de l'ordre, le seul gage de paix entre tant de partis ennemis?

Est-ce là ce qu'il faut à l'armée? Veut-elle cette armée, qui a combattu en juin pour le maintien de la légalité et du suffrage universel contre le socialisme, mettre la légalité du côté du socialisme, en soutenant l'ambition personnelle de M. Bonaparte ou du prince de Joinville, en dehors de tous les principes de gouvernement, en dehors de la république comme de la monarchie ?

Est-il bon pour la propriété, pour le commerce, pour l'industrie, de maintenir, par une candidature princière, un élément perpétuel de lutte dans la société? car un prince candidat ne veut point en rester là ; la présidence n'est pas un but pour lui, mais un moyen. Dès lors, une telle candidature, une telle élection n'est qu'un aliment nouveau de la crise à laquelle il faudrait mettre un terme, augmente les divisions, provoque la guerre civile, et frappe les intérêts de mort. Car, à cette provocation, tous les partis opposés répondent par une résistance toute naturelle et bien facile à prévoir. Qui ne s'y attend, et qui ne peut le prédire d'avance?

Ce qu'il faut au contraire aux intérêts, à ce commerce en particulier qui vit de tranquillité et de stabilité, c'est la meilleure trève possible, sinon encore la paix complète ; c'est, par conséquent, la simplification et non pas la complication des questions.

Le bonapartisme, ce parti artificiel, qui ne tient qu'à une agitation éphémère et à l'influence administrative, une fois écarté de la candidature, on sera étonné de voir qu'il n'y avait réellement point de bonapartistes ; ce sera un parti de moins, grand avantage pour le pays.

L'orléanisme, ou si l'on aime mieux, le Joinvillisme, également écarté de la présidence de la république, comme un anachronisme, qui exciterait les luttes les plus dangereuses dans ce pays, où Louis-Philippe lui même a échoué, où l'expérience du gouvernement des classes moyennes est faite, où il faudrait attaquer la légalité républicaine pour soutenir les prétentions d'un prince qui ne serait pas le comte de Paris et qui aurait à violer en même temps la Charte de 1814 et celle de 1830, la légitimité et l'hérédité du 7 août ; cette monstrueuse complication de la situation aussi écartée, ce serait encore un parti de moins, et encore un immense avantage pour la France.

Il n'y aurait plus alors de luttes de parti ; il n'y aurait plus en présence que deux grands principes ; tout serait donc simplifié.

Connu et aimé de tous les hommes d'ordre, le général, dont la candidature aurait pour résultat de réduire notre situation aux termes les plus simples, n'aurait soulevé aucun reproche ; il aurait été, au contraire, le point de ralliement de tous les hommes d'ordre, comme le défenseur constant de la légalité. On ne pourrait lui supposer aucune arrière-pensée dynastique, aucune ambition personnelle, aucune idée de faire souche royale, aucun rêve d'oripeaux monarchiques. Il ne se croirait pas au-dessus de la magistrature suprême qui lui serait offerte ; elle serait, au contraire, pour lui un honneur dont il voudrait se rendre digne en observant scrupuleusement les conditions du mandat qu'il aurait reçu, en travaillant à la prospérité du pays pour laisser un souvenir durable du temps où il aurait occupé un pouvoir nécessairement passager et transitoire, où il nous aurait apporté cette grande trève entre les partis, qui deviendrait plus tard une paix définitive.

Pour sortir de la situation, dans laquelle on voudrait nous enfermer, pour échapper à toutes les brigues, il n'y a donc qu'un moyen : une candidature constitutionnelle, la candidature de l'homme qui ne voudrait pas être plus que président, et qui nous serait donné par la légalité pour maintenir la légalité.

Et comme il faut que la force, s'il en est besoin, fasse respecter la loi, il importe que cette candidature soit pour le pays celle d'un général, qui ait glorieusement servi la France, là où depuis trente ans ses armes se sont le plus illustrées.

Qu'il vienne donc et qu'il remplisse la plus haute mission qu'il ait jamais été donné à un homme de remplir ! Qu'il soit le glorieux gardien de la discipline militaire, le soldat de la légalité, cette autre discipline, le bras de l'Assemblée, l'épée de la France !

Qu'il vienne, et elle jouira d'abord de la plus grande stabilité relative dont elle puisse jouir, par l'union de tous les pouvoirs, la dignité et la fermeté de l'autorité, et l'absence de toute lutte entre les partis qu'on appelle monarchiques.

Qu'il vienne, et le règne de l'insurrection qui, devant une forte épée, fuit par les vasistas, le règne de la force brutale est fini ! Ce que la France voudra faire, elle le fera ; elle le fera légalement ; ce qu'elle voudra réviser elle le révisera, sans avoir à se préoccuper d'aucune brigue personnelle. Elle donnera à nos départements les larges institutions dont ils ont besoin, cette décentralisation, sans laquelle il n'y a point de

France. Libre de tout joug de parti , elle commencera enfin à respirer à son aise.

Alors elle pourra revenir sur son passé avec l'impartialité d'une grande nation qui se juge elle-même, et songer, dans un calme profond , à l'organisation , à la fondation de l'avenir.

L'heure solennelle sera venue où la France n'aura plus à craindre d'être la proie d'aucune ambition individuelle , ni d'aucune folie révolutionnaire, où elle devra devant Dieu, qui lui aura donné cette heure, prendre conseil de sa conscience et de son bon sens, avant d'entrer dans la voie où elle doit marcher.

Cette heure viendra, nous l'attendons. Dieu qui protége la France, nous la donnera.

Général ! Vous que nous appelons de nos vœux, cette heure sera aussi la vôtre! Dès qu'elle aura sonné, marquez le pas au nom de la loi, et tout ce peuple militaire vous suivra ; tenez haut votre glorieuse épée, pour que de loin l'Europe reconnaisse la France, et que les ennemis de l'ordre sachent que l'anarchie n'est plus possible. En dehors de tous les vains et funestes expédients, qui ne pourraient que nous perdre, la vraie solution viendra alors se présenter, la seule alternative qui puisse aujourd'hui s'offrir a u pays se posera devant tous le esprits : élection ou hérédité, république ou monarchie !

Et la décision de la France sera bonne, général, sera patriotique, sera pleine d'avenir, parce que après tant de luttes, tant de divisions, unie enfin dans le sentiment commun du salut de la patrie, au nom de la loi et à la garde de votre épée, elle aura délibéré en paix!